Ekkehard Stier

Comics für den Religionsunterricht

Band 1

calwer materialien

ISBN 3–7668–3709–5

2. Auflage 2003

Umschlaggestaltung: ES Typo-Graphic, Stuttgart
Gesamtherstellung: Druckhaus Beltz, Hemsbach

Methodische Möglichkeiten zur Verwendung der biblischen Bildergeschichten

Die Bildergeschichten dienen dazu, biblische Texte und biblische Botschaft nicht nur mit dem Ohr, sondern auch mit den Augen wahrzunehmen.
Sie liegen jeweils in zwei unterschiedlichen Ausführungen vor:
- als einzelne Bilder (zumeist im A4-Format) und
- als Zusammenstellung im Comicstil.

Die Einzelbilder sind wegen der unterschiedlichen Formate nicht immer in der richtigen Reihenfolge abgebildet; diese ist der jeweiligen Zusammenstellung zu entnehmen. Beide Varianten sind ohne Text und ohne Sprechblasen abgedruckt, um sie methodisch vielfältiger einsetzen zu können.
Die methodischen Einsatzmöglichkeiten richten sich selbstverständlich nach dem pädagogischen Ziel und nach dem Alter und den Fähigkeiten der Kinder und Jugendlichen. Einige Vorschläge sind im Folgenden aufgeführt.

1. Bilder in eine Reihenfolge bringen

a) Um eine Geschichte zu erschließen, werden den Kindern die einzelnen Bilder einer Geschichte unsortiert vorgelegt. Die Kinder sollen nun erklären, was sie auf den Bildern sehen. Anschließend versuchen die Kinder die Bilder in eine Reihenfolge zu bringen, zu der sie eine Geschichte und eine Überschrift formulieren. Die Geschichte wird dann mit dem biblischen Text verglichen, die Reihenfolge der Bilder überprüft.
b) Wenn die Geschichte vorher erzählt, in Rollen gelesen oder gespielt wurde, kann das Ordnen der Bilder dazu dienen, die Geschichte noch einmal nachzuerzählen und zu festigen. Die Methode eignet sich auch, um an eine vorhergehende Stunde anzuknüpfen.

2. Ausmalen in Gruppenarbeit

Es bilden sich Gruppen von Kindern. Gemeinsam überlegen sie, welche Farben sie benutzen wollen, um die Bildergeschichte auszumalen (z. B. das Gewand des Jona immer grün). Dann malen die Kinder die Bilder aus und setzen sie zu einer Bildergeschichte zusammen. Zusätzlich können die Sprech- und Gedankenblasen von der entsprechenden Vorlage kopiert, ausgeschnitten und in die Bilder eingeklebt werden.
a) Das Ausmalen der Bilder kann so erfolgen, dass entsprechend der Gruppenstärke und der Anzahl der Bilder jedes Kind ein oder mehrere Bilder selbstständig ausmalt.
b) Eine andere Möglichkeit besteht darin, dass sich wie bei der Entstehung eines Trickfilms jedes Kind auf eine Sache »spezialisiert« (z. B. malt ein Kind die Figuren aus, ein Kind die Häuser an, ein Kind den Hintergrund usw.). Dabei sind die Kinder darauf angewiesen miteinander zu kommunizieren und sich abzusprechen.

3. Bildergeschichten fortsetzen und ergänzen

a) Von den Bildergeschichten kann der erste Teil der Bilder – auch in Kombination mit 1a) – den Kindern vorgelegt werden (beispielsweise bei der Geschichte vom verlorenen Sohn alle Bilder bis zur Darstellung vom Sohn bei den Schweinen). Die Kinder werden nun animiert, die Geschichte weiterzuzeichnen.
b) Als Variation: Die Bildergeschichte wird den Kindern in der richtigen Reihenfolge vorgelegt. Ein zum Verständnis der Geschichte entscheidendes Bild (gegebenenfalls mehrere) wird weggelassen; z. B. können bei der Geschichte vom verlorenen Sohn die Bilder mit dem leeren Geldbeutel und dem Schweinehüten weggelassen werden). An der Stelle dieses Bildes wird eine Lücke gelassen oder ein leeres Blatt eingeschoben. Die

Kinder sollen nun überlegen, was auf dem Bild geschieht. Sie können ihren Lösungsvorschlag selbst malen.
c) Die Bildergeschichten geben wesentliche Grundzüge der biblischen Geschichten wieder, aber nicht alle Details. Deshalb können die Kinder die Bildergeschichten um einige Bilder erweitern. So kann beispielsweise die Geschichte von Jona um das Losen der Seeleute oder die Rettung und den Dank der Seeleute erweitert werden. Es könnte auch eine Szene von Jona im Bauch des Fisches erdacht werden usw.
d) Kinder lieben es, in Bildern herumzumalen. Dadurch übertragen sie ein Bild oder eine Geschichte in ihre Wirklichkeit. Auch die vorliegenden Bilder können von den Kindern um Personen, Kleider und Gegenstände, Zubehör usw. erweitert werden. Dazu eignen sich besonders die Bilder im A 4-Format.

4. Bilder mit Texten versehen

a) Die Bildergeschichten können um den jeweils zugrundeliegenden Text erweitert werden. Es können die entsprechenden Bibelabschnitte aus einer Bibel kopiert und zugeordnet werden (z. B. einfach unter das entsprechende Bild kleben).
b) Die Kinder können den Bildern selbst formulierte, nacherzählende Sätze zufügen.
c) Mit Hilfe der Sprech- und Gedankenblasen können die Inhalte der Geschichte und vorhandene Dialoge über die dargestellten Personen transportiert werden. Notwendige erklärende Sachverhalte, die nicht über Sprech- und Gedankenblasen wiedergegeben werden können, werden über zusätzliche Bilder (s. 3c) und Blockkommentare (Text in rechteckigen Kästchen, der z. B. die Rolle eines Erzählers übernimmt) wiedergegeben.

5. Erstellung eines eigenen Comics

a) Die Bilder in A 4-Größe können mit Sprechblasen und Blockkommentaren versehen, ausgemalt und zu einem eigenen Comicstrip zusammengestellt werden. Gegebenenfalls ist es dazu notwendig, die einzelnen Bilder etwas zu verkleinern oder zu vergrößern und mit der Schere etwas zu verkürzen.
b) »Wandzeitung«. Die einzelnen Bilder können auf einem Karton oder einer Styroporwand angeordnet und befestigt werden. Zur Herstellung einer solchen Wandzeitung ist es am besten, man hat von der betreffenden Geschichte drei Kopiensätze zur Hand: einen Satz in der Originalgröße, einen auf 85 % verkleinert und einen auf 115 % vergrößert.
c) Comic-Heft. Die mit Sprechblasen und Blockkommentaren versehenen Bilder werden so auf DIN A 3-Blätter kopiert, dass sie, gefaltet und mit den weißen Seiten aufeinandergeklebt, ein Heft ergeben. Zur Gestaltung der Titelseite können die Schriftzüge auf der nächsten Seite dieses Hefts benutzt werden. Zum Schluss wird das hergestellte Heft angemalt.

6. Bildbetrachtung

a) Die biblische und die persönliche Erfahrung werden miteinander verbunden, wenn die vorliegende Bildergeschichte in die Gegenwart übertragen wird. Die Kinder erzählen die Geschichte so, wie sie sich heute zutragen könnte. Das bietet sich besonders bei den Gleichnissen vom barmherzigen Samariter und vom verlorenen Sohn an.
b) Einige Bilder innerhalb der jeweiligen Bilderfolge eignen sich zu einer Bildbetrachtung. Dabei sollte es nicht in erster Linie um die rationale Klärung von Sachverhalten gehen, sondern um die Artikulation von Einstellungen und Verhaltensweisen, um existenzielle Standortbestimmung. So können die Kinder beispielsweise versuchen, sich anhand verschiedener Bilder in die Lage der dargestellten Person zu versetzen.

7. Eigene Ideen

Selbstverständlich sind die Bilder nicht auf die bereits genannten Verwendungsmöglichkeiten festgelegt. Sie wollen zur eigenen Kreativität und zum Ausprobieren einladen.

Das Gleichnis vom
barmherzigen Samariter

(Lukas 10, 25-37)

Das Gleichnis vom
barmherzigen Samariter

(Lukas 10, 25-37)

Jona

Jona

Das Gleichnis vom
verlorenen Sohn

(Lukas 15, 11-24)

Das Gleichnis vom
verlorenen Sohn

(Lukas 15, 11-24)

Die Stillung des Sturmes

(Markus 4, 35-41)

Die Stillung des Sturmes

(Markus 4, 35-41)

HAFEN

NACH TARSIS

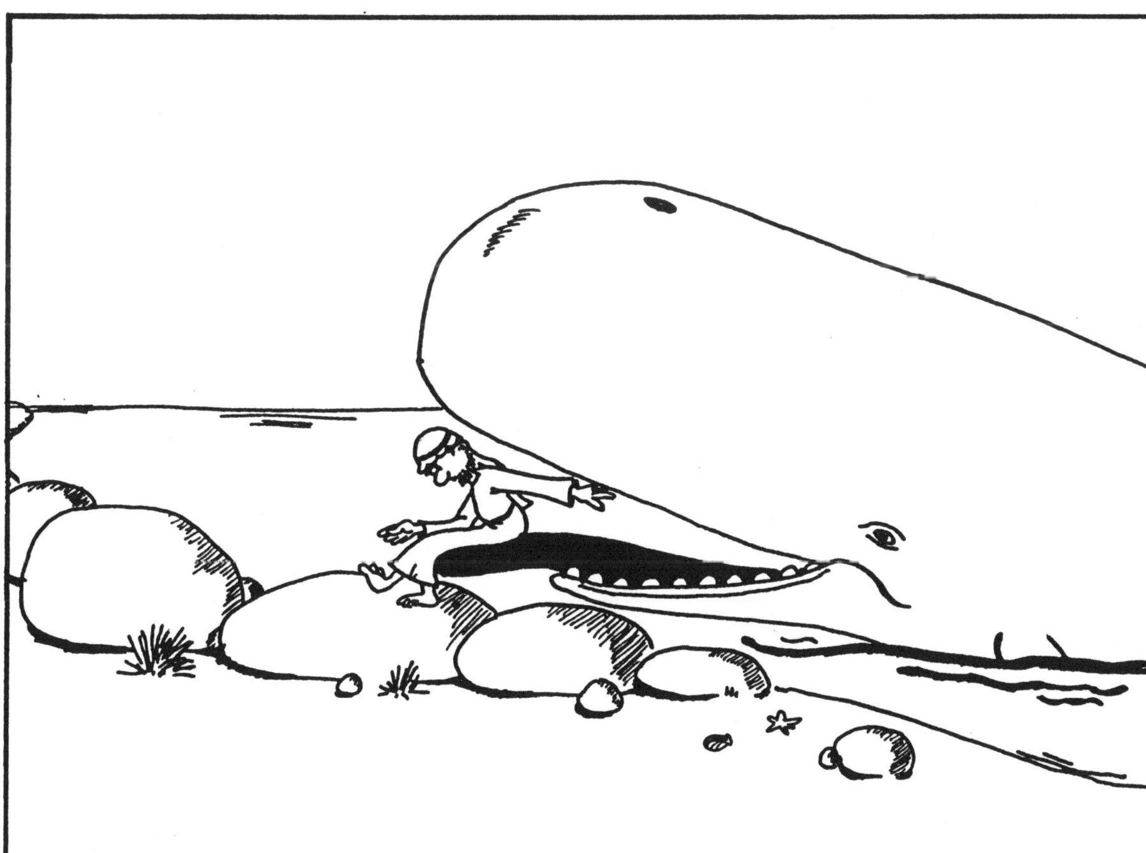

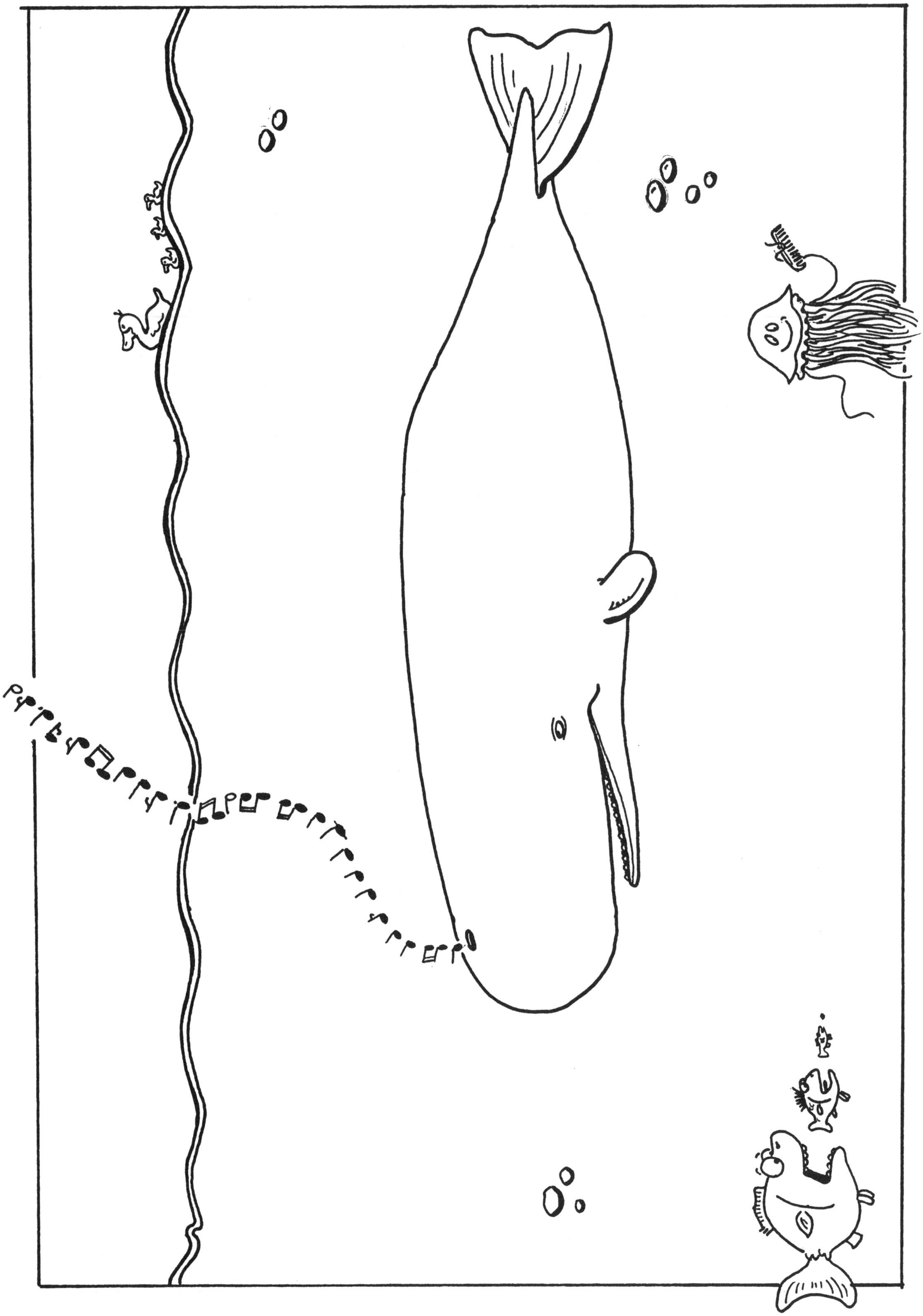

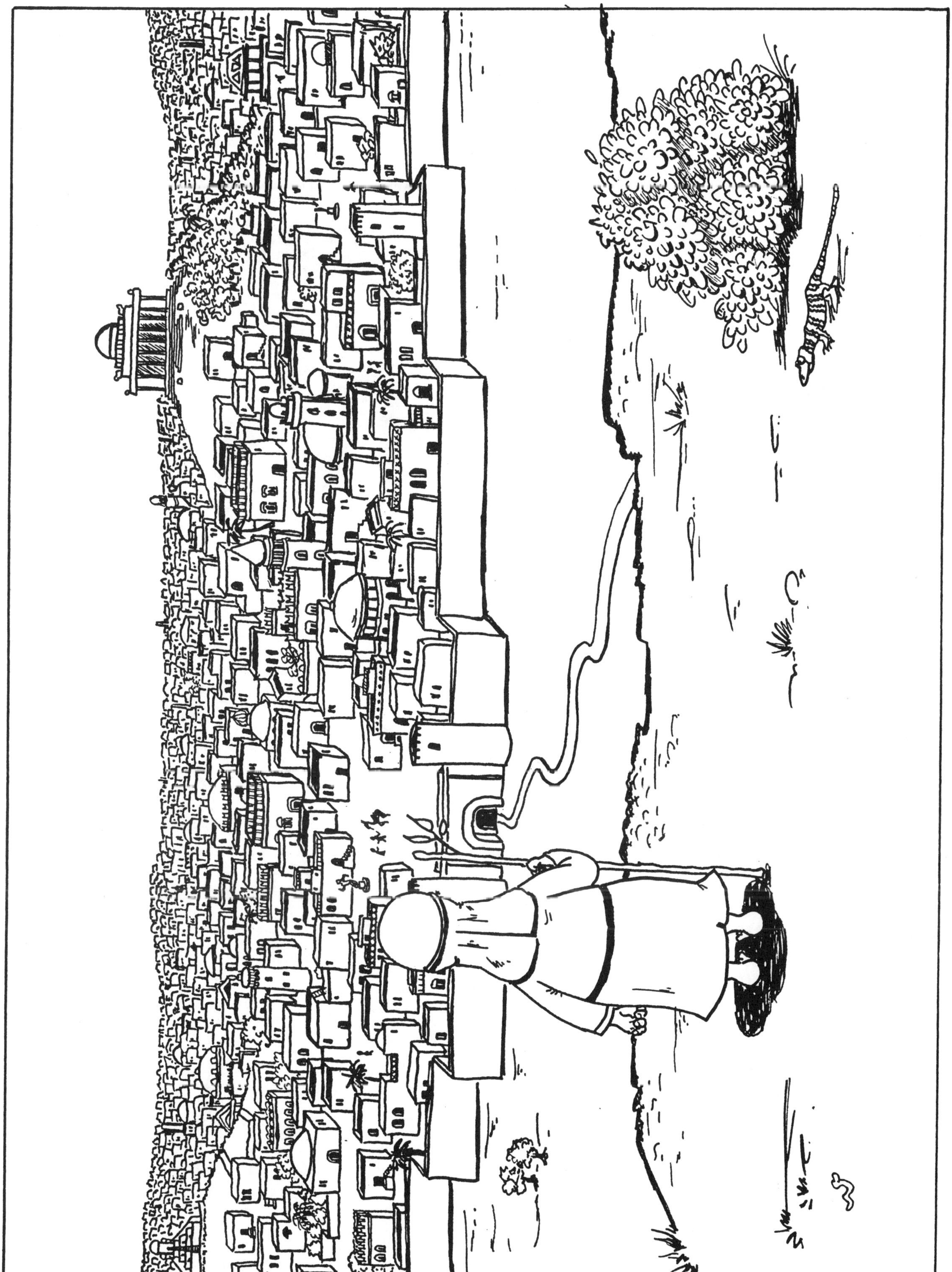

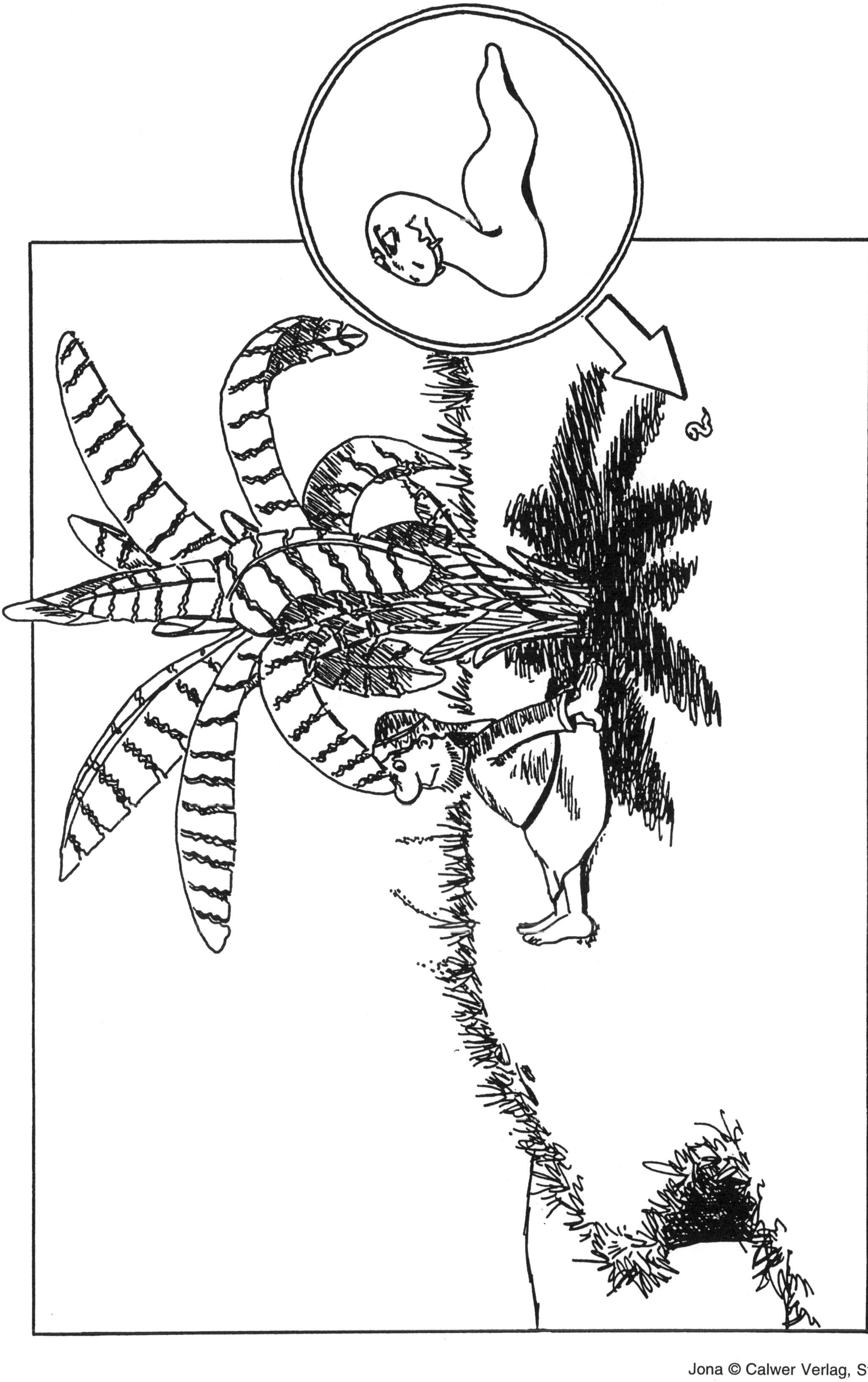

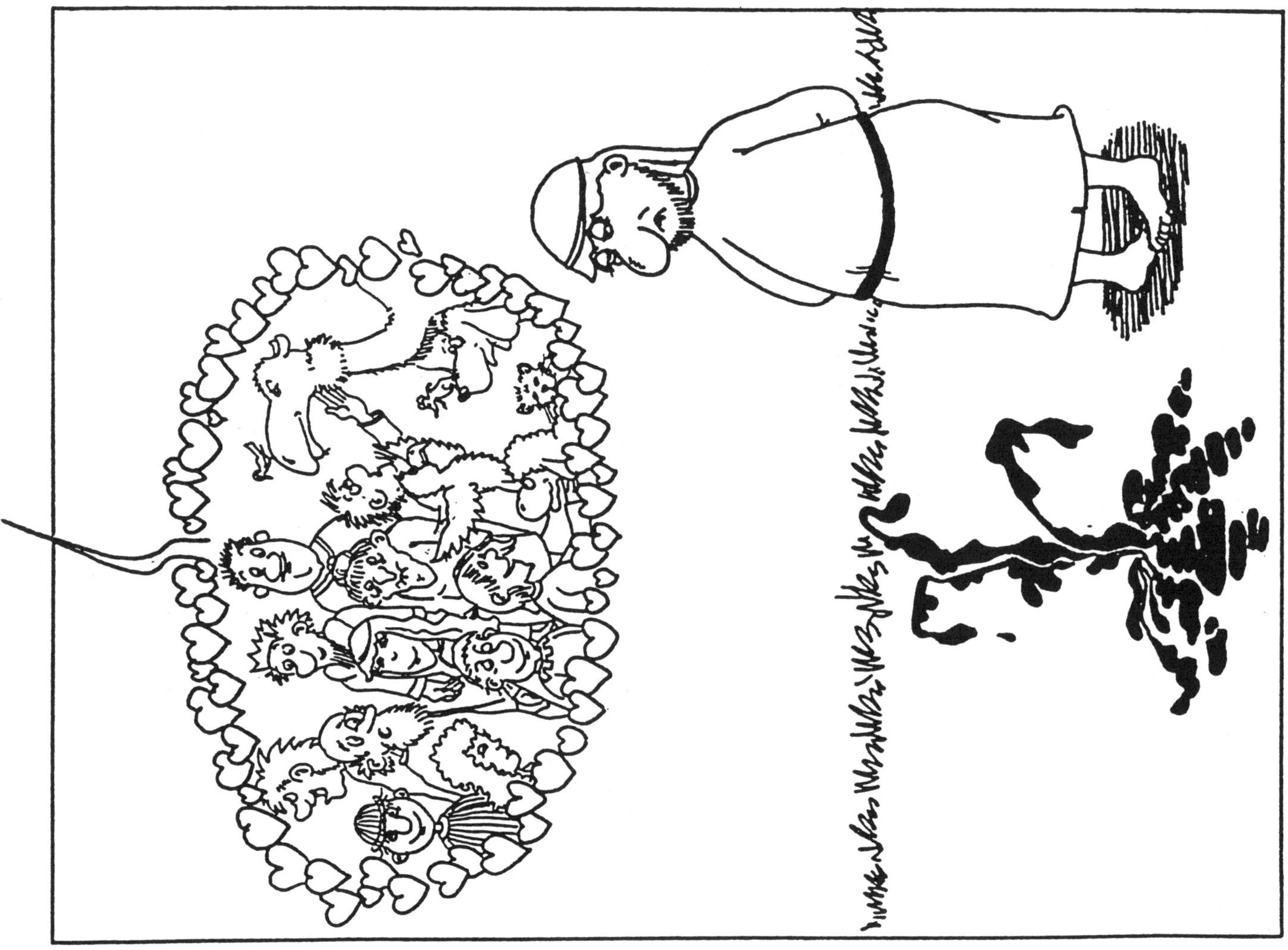

Jona

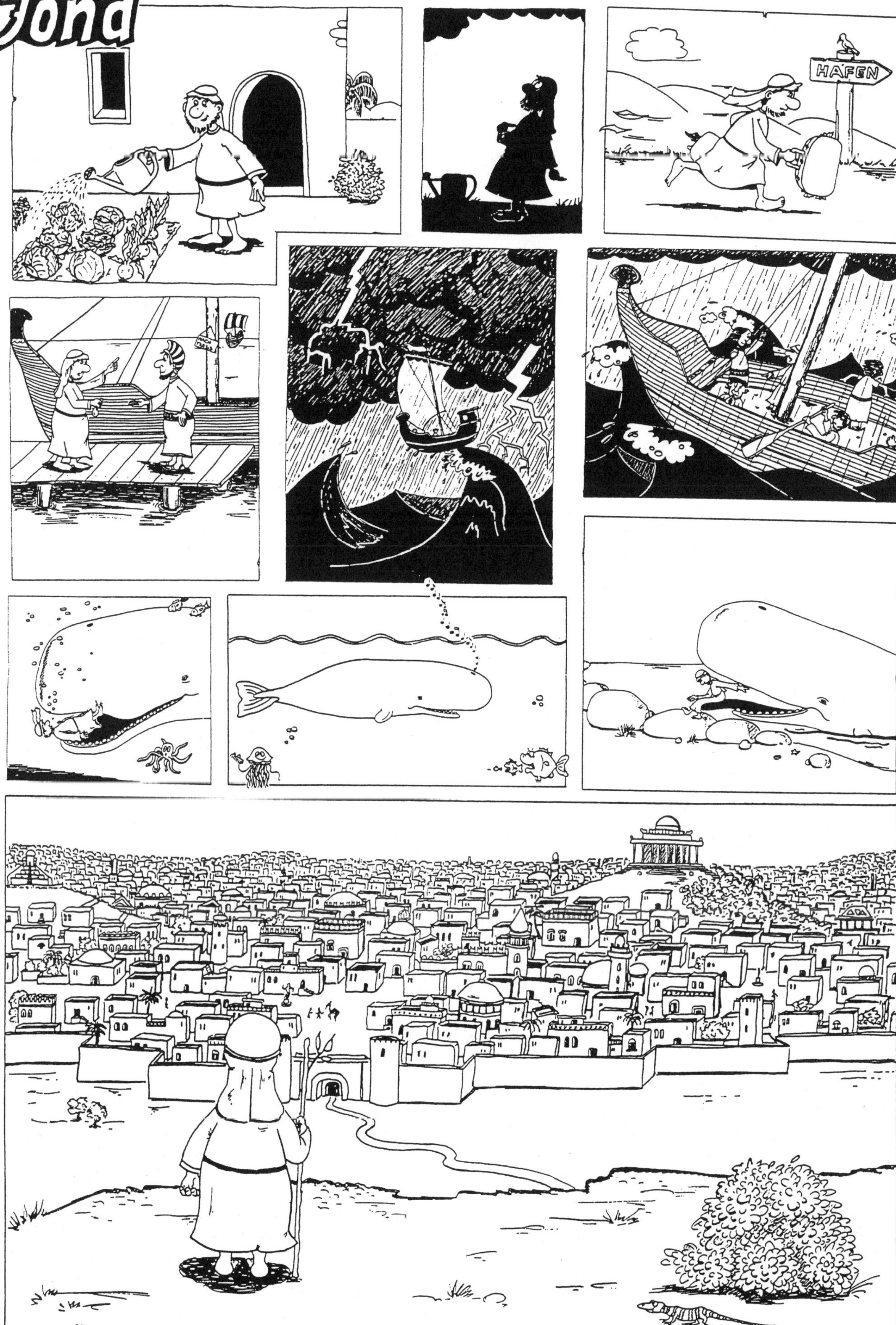

JERVSALEM
JERICHO
LK
X.XXV

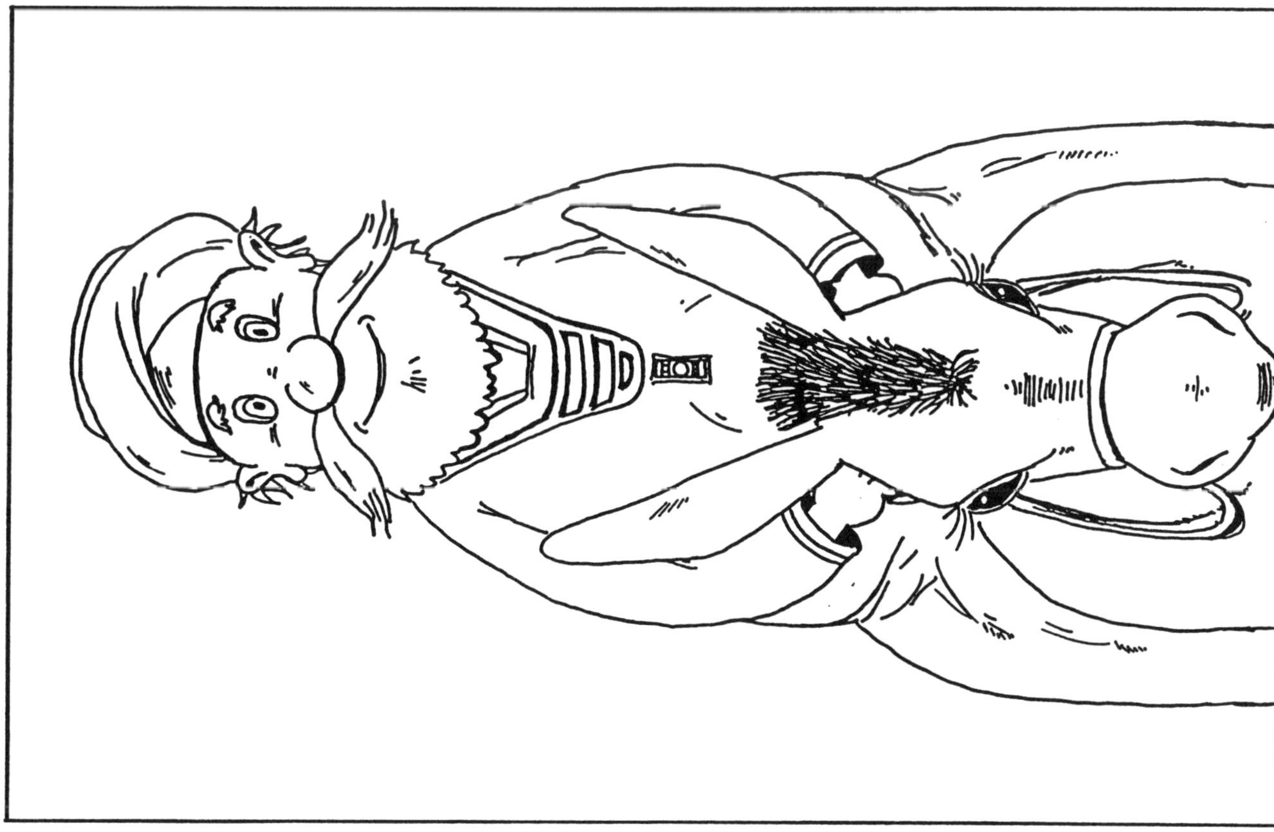

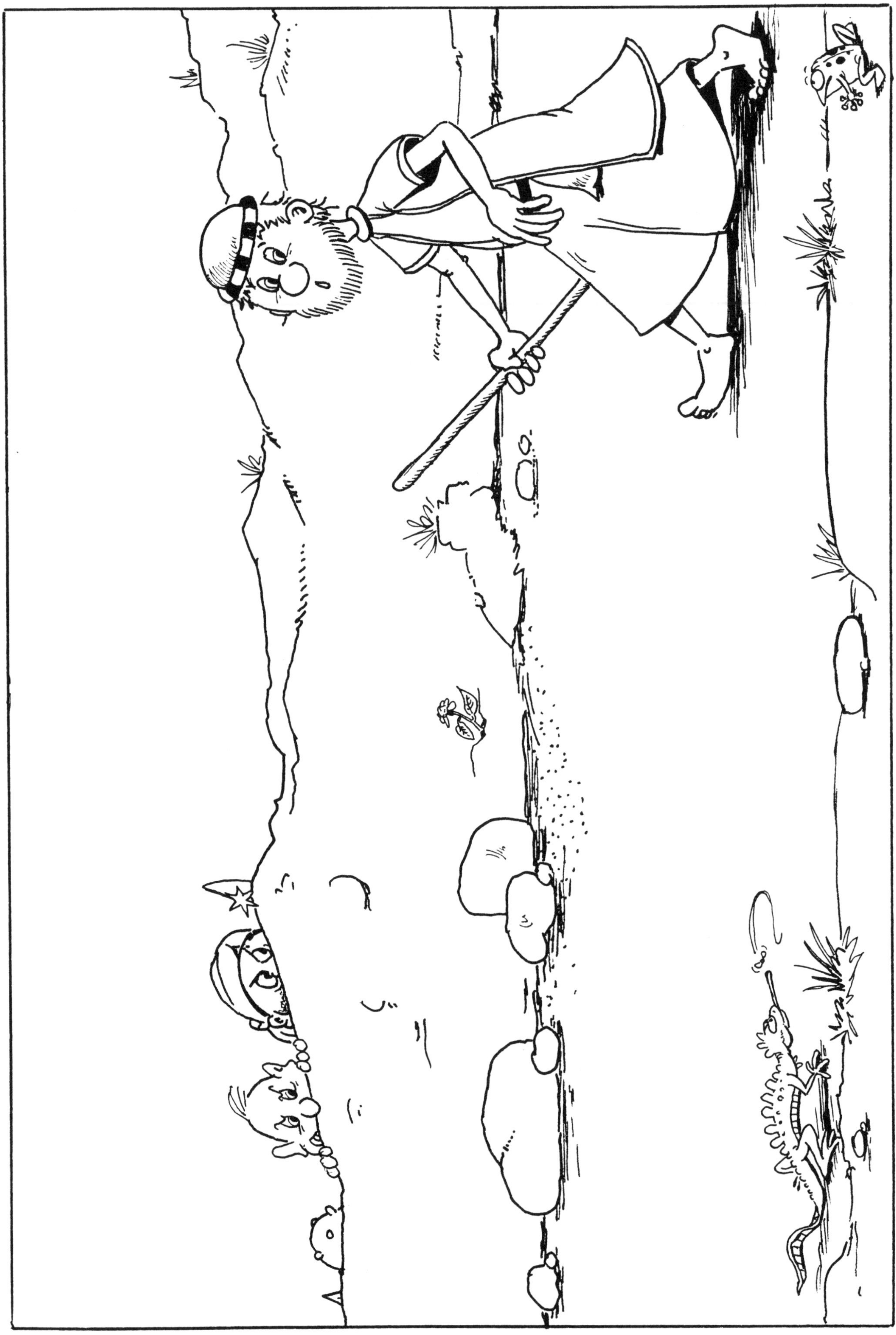

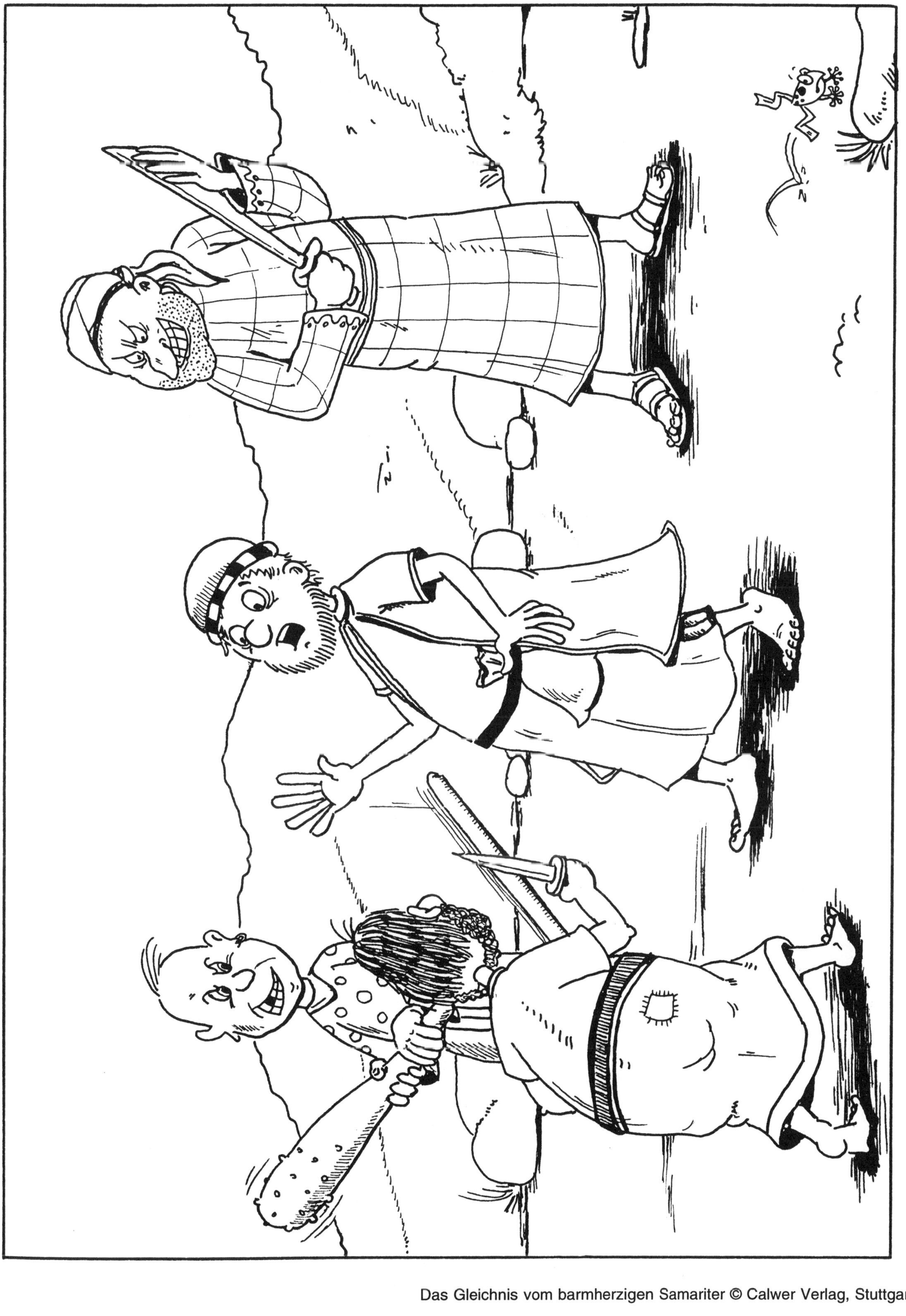

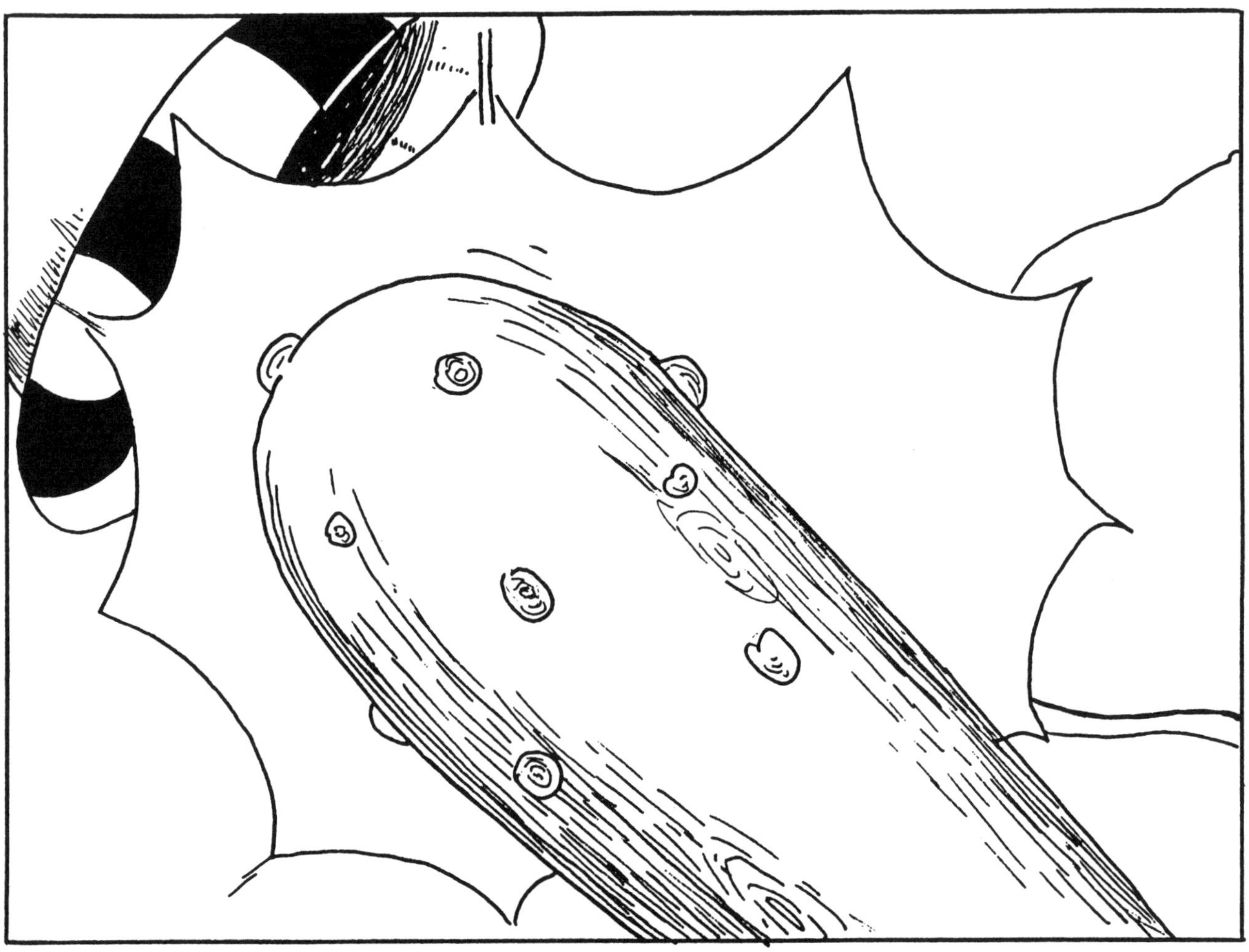

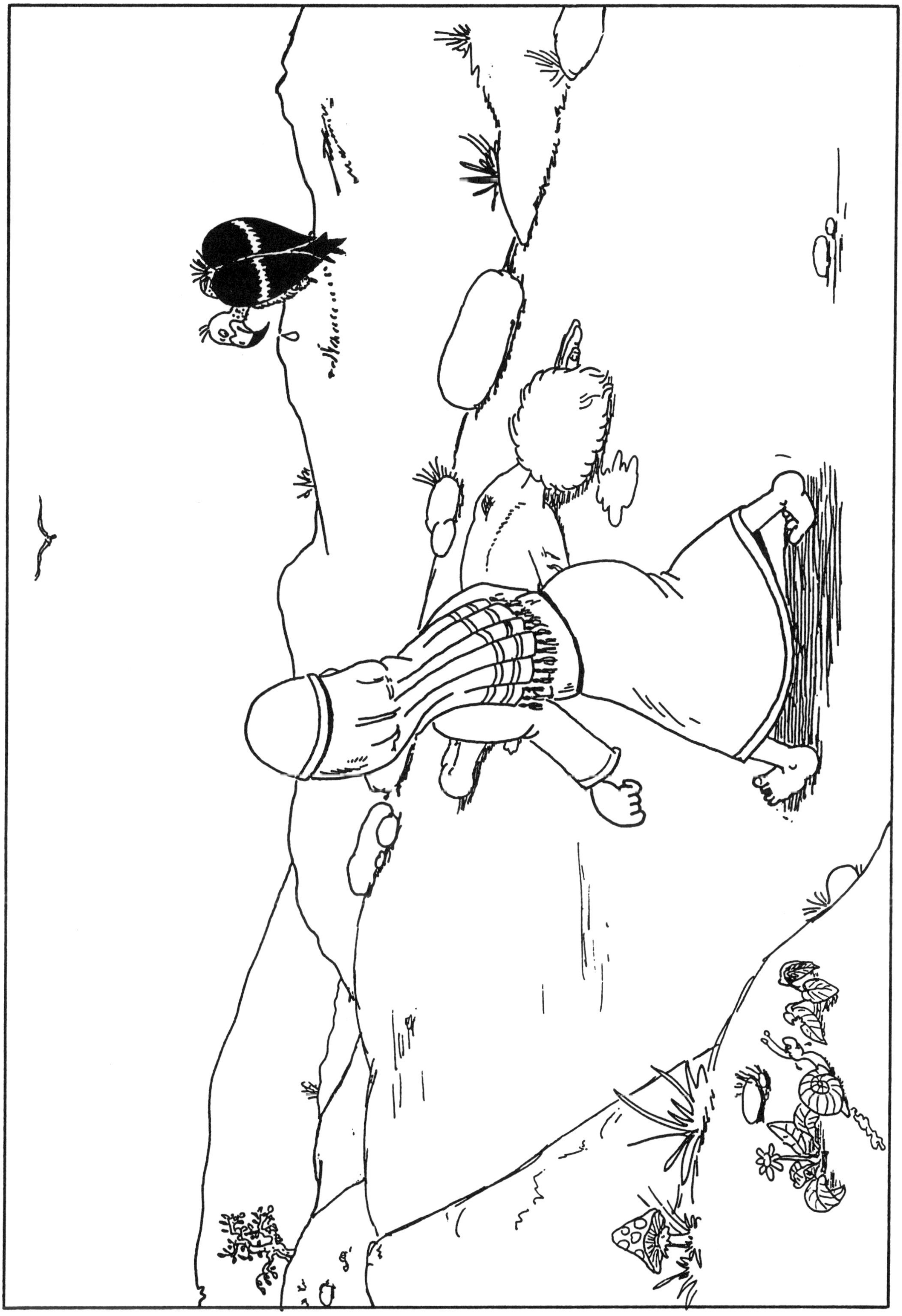

Das Gleichnis vom barmherzigen Samariter © Calwer Verlag, Stuttgart

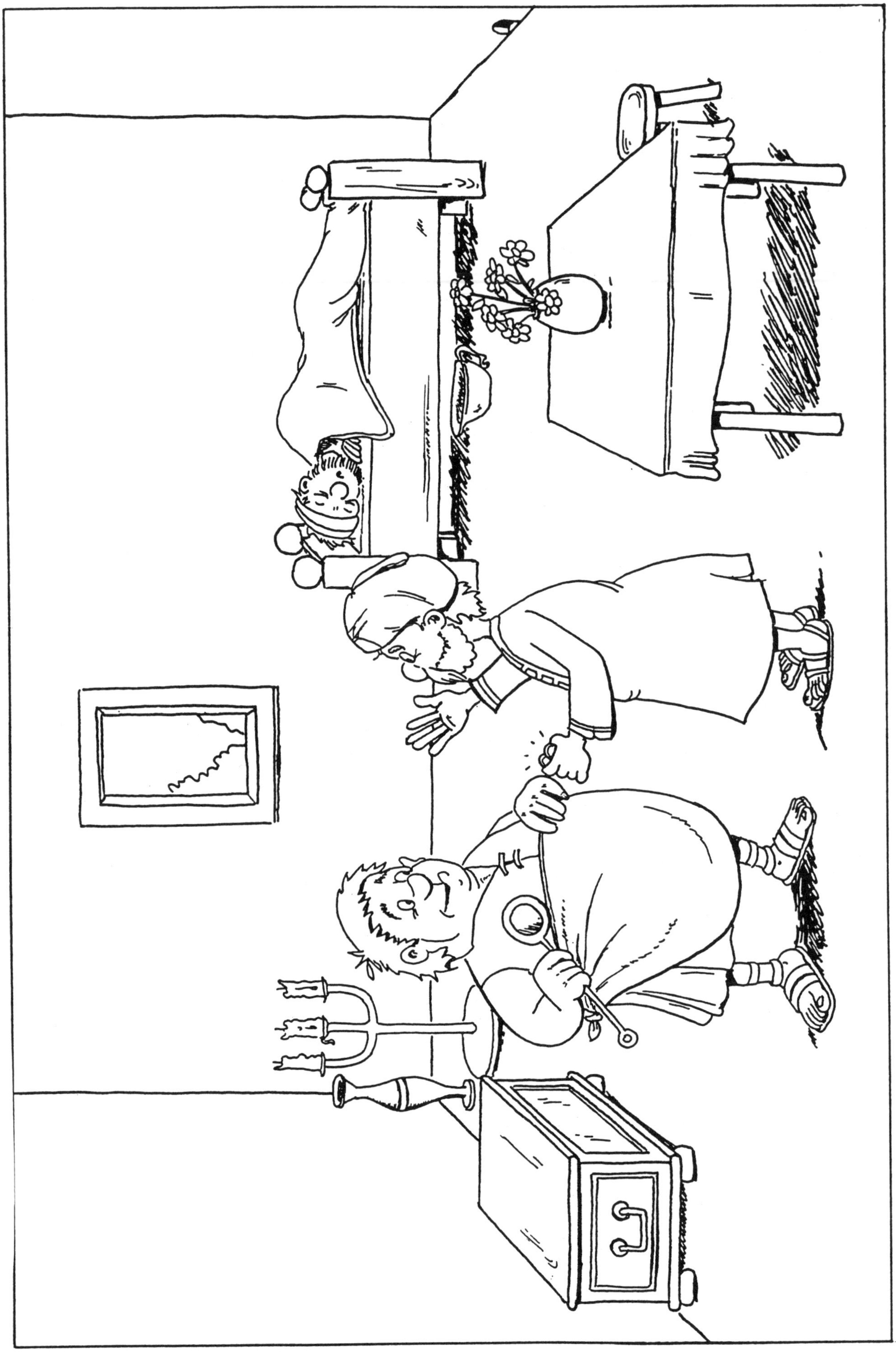

JERVSALEM
JERICHO
LK
X.XXV

Die Stillung des Sturmes © Calwer Verlag, Stuttgart

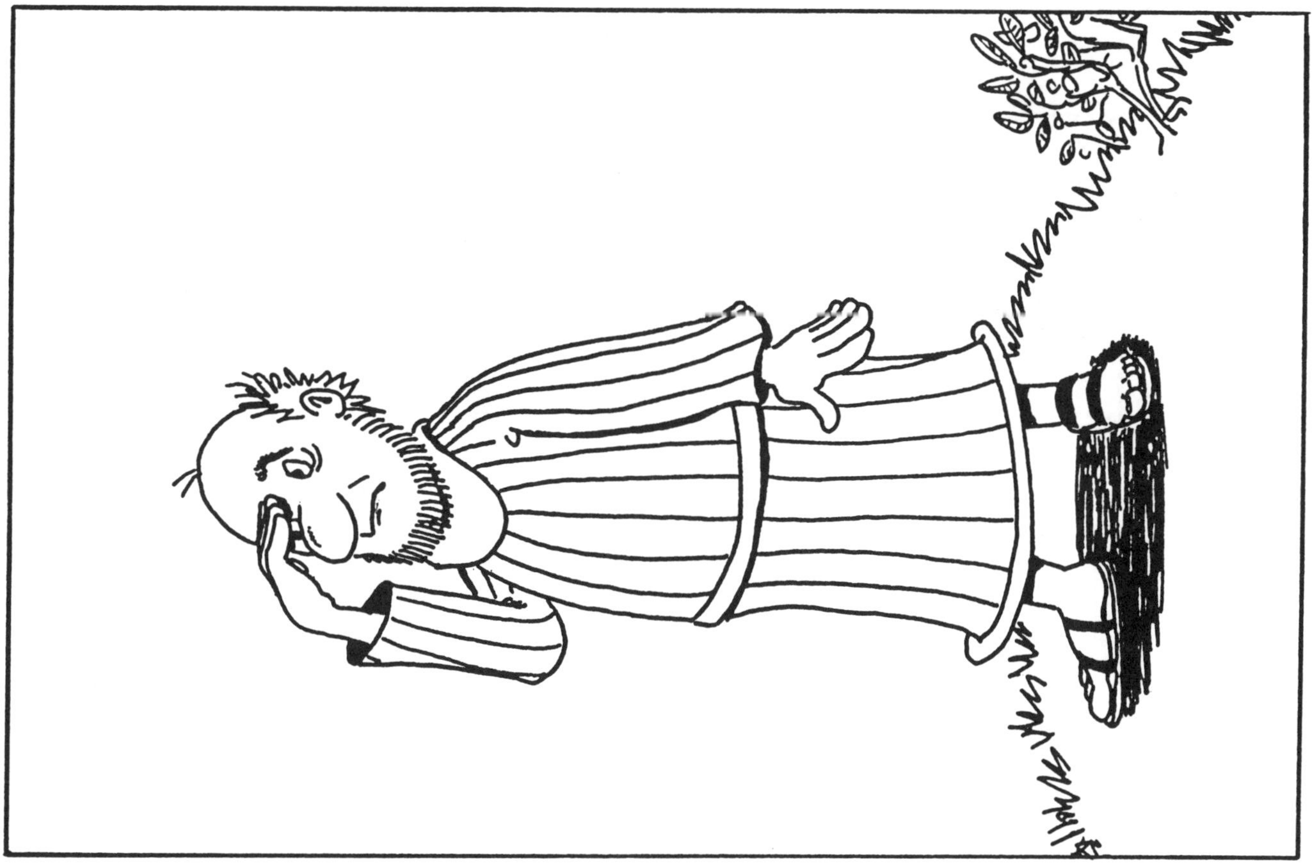

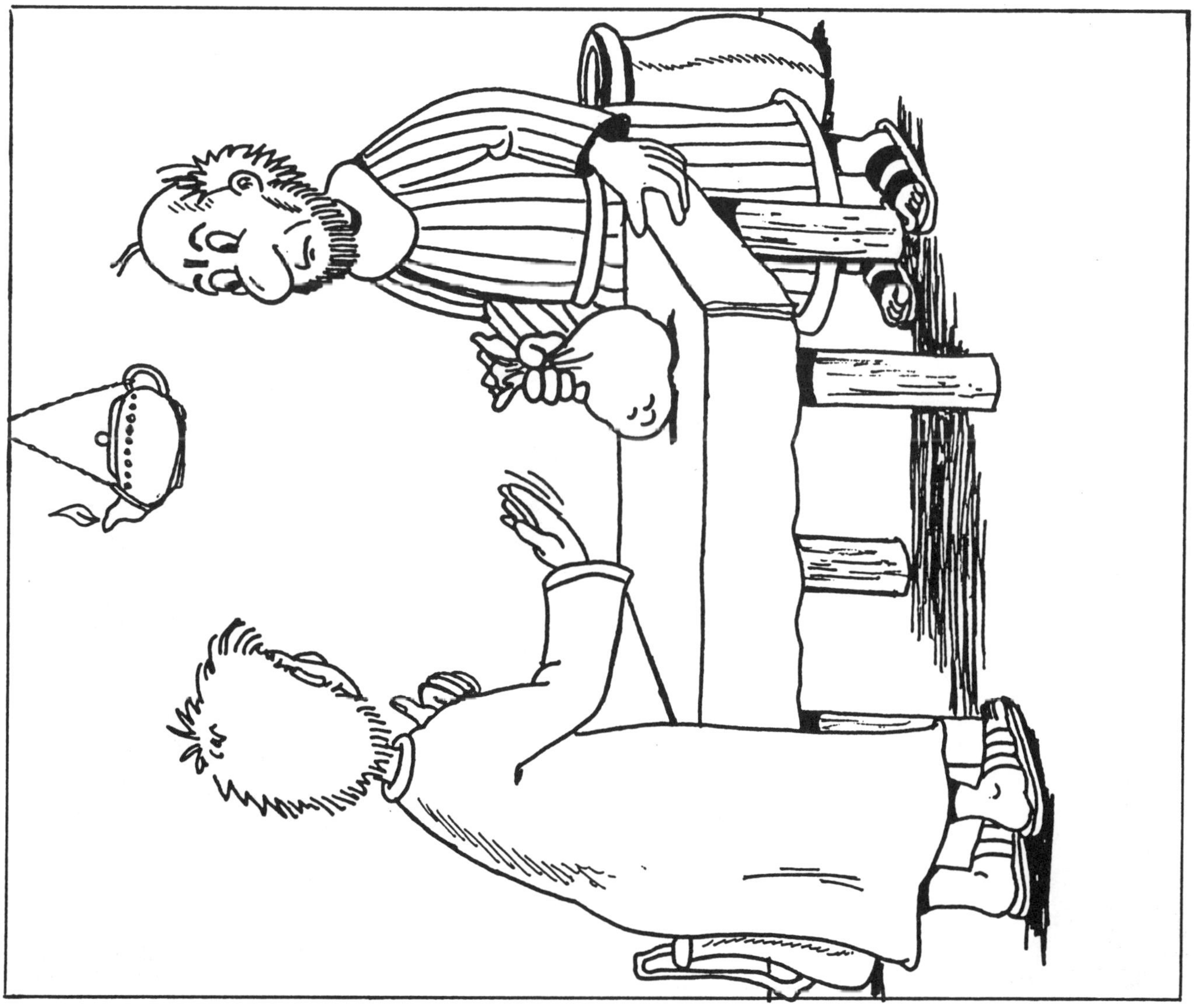

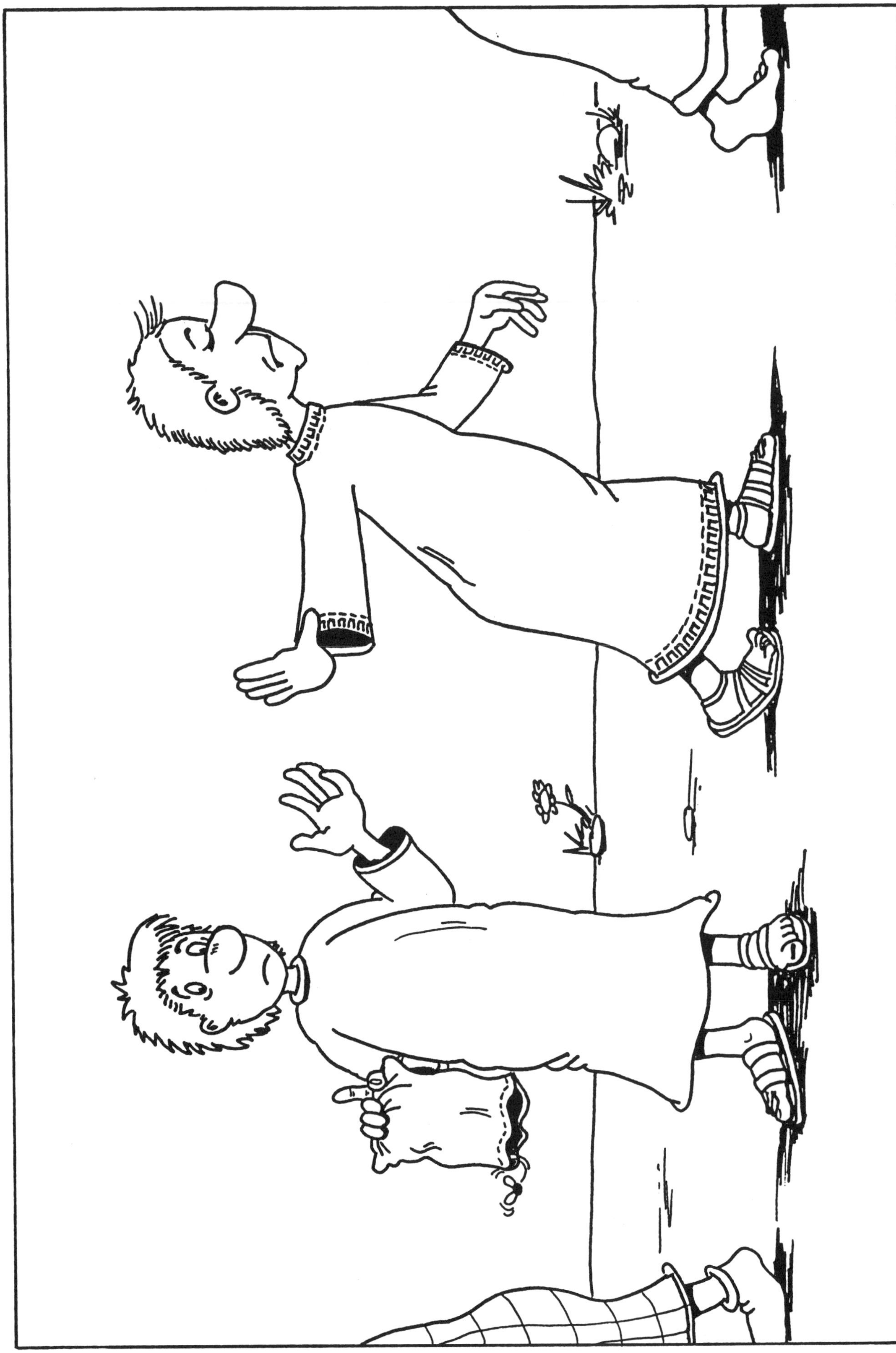

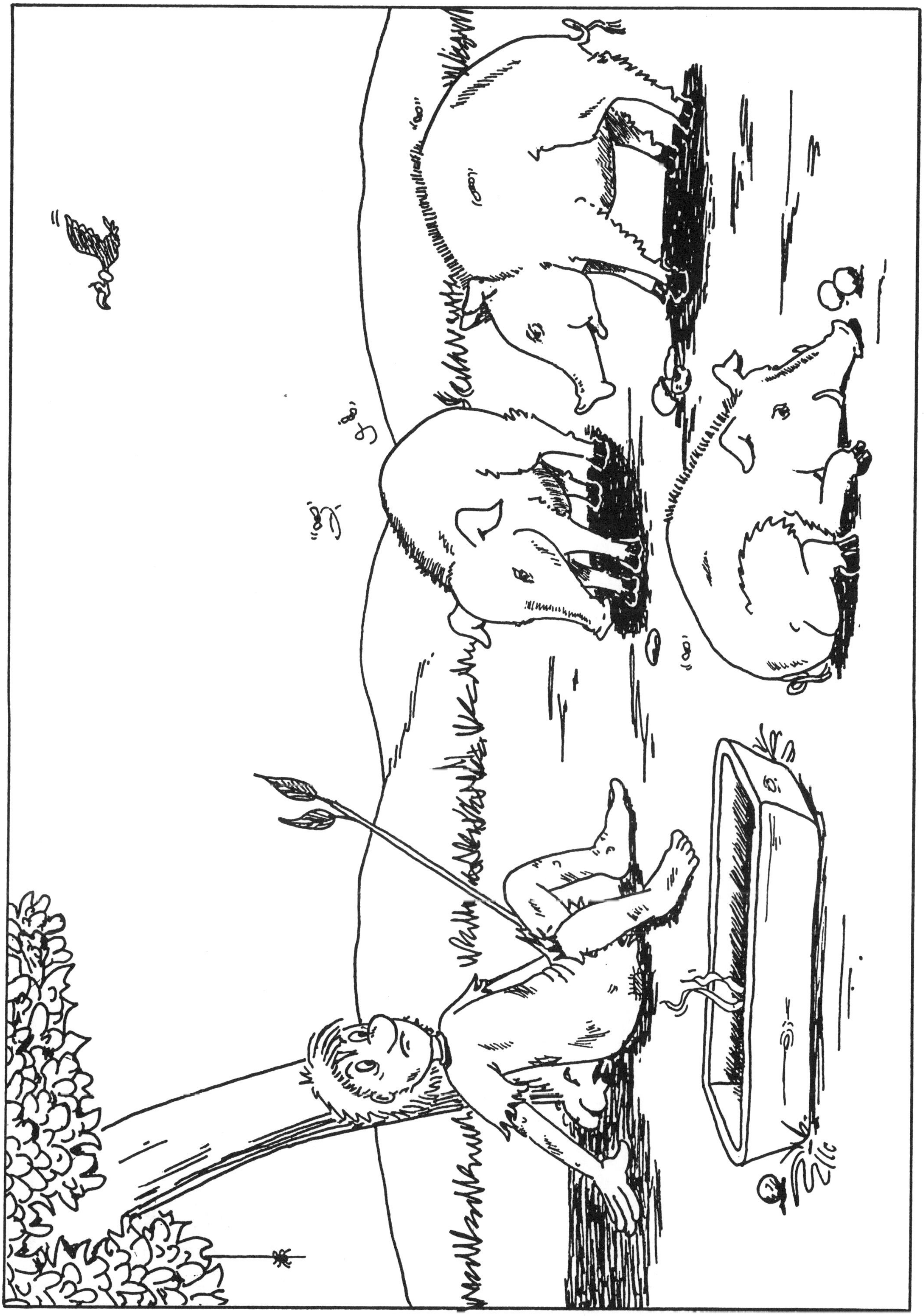